Made in the USA
Las Vegas, NV
30 October 2023

79976918R00068